Für mich!

SCHIMPFOLOGIE

Prof. Dr. Wüterich · Christoph Mett

Von Angsthase bis Rotzlöffel

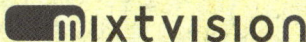

© mixtvision Verlag, München 2010
www.mixtvision-verlag.de
Alle Rechte vorbehalten.
Grafik und Gestaltung: Hanna Löhr

Printed in Germany
978-3-939435-25-9

*Mit hilfreichen Tipps
von Professor
Dr. Wüterich!*

ANGSTHASE

[aŋst'ha:zə] Ein zitternder Löffler

Der Angsthase ist selten in freier Natur zu sehen, da er sich gerne versteckt hält. Er hat vor allem und jedem Angst, sogar vor seiner eigenen Mama. Wagt er sich doch einmal aus seinem Loch hervor, erkennt man ihn schon von Weitem an seinen weit aufgerissenen Augen, dem aufgeregten Stottern und dem gelegentlichen, starken Zähneklappern. Der Angsthase hat eine besondere Vorliebe für Vanilleeis, Kindersicherungen und ruhige, harmlose Zeichentrickfilme.

Lieblingsspruch: „Hast du das eben auch gehört?"

***Merke:** In der Nähe von Angsthasen nur langsam bewegen und leise sprechen.*

QUASSELSTRIPPE

[ˈkvasəlˈʃtripə] *Ein pausenlos plapperndes Geschöpf*

Die Quasselstrippe entstammt der Gattung der Schnattergänse. Sie ist erkennbar an ihrem ständig auf und zu klappenden Mund, denn sie redet dauernd über Belanglosigkeiten und hat immer mindestens ein Ohr am Telefonhörer. Allen ihren Freunden hat sie bereits ein Ohr abgekaut, deshalb ruft sie inzwischen schon die Zeitansage an, nur um mit jemandem reden zu können. Ihre Hobbys sind nicht schwer zu erraten: reden, quatschen, plaudern, erzählen, klönen, flüstern. Nur eines mag sie gar nicht: zuhören.

Lieblingsspruch: „Hab ich eigentlich schon erzählt …"

Tipp: Um Quasselstrippen zu bremsen, hilft nur, ihnen ständig Kekse anzubieten. Dann halten sie wenigstens für ein paar Augenblicke die Klappe.

SCHNARCHNASE

[ˈʃnarçˈnaːzə] Ein Riechrüssel zum Gähnen

Die Schnarchnase ist im Allgemeinen ein ziemlich träger Typ. Ihre Lieblingsorte sind ruhige Plätze, wie z. B. das Bett oder das Sofa. Dort schaut sie sich bei einer heißen Milch mit Honig mit Vorliebe sterbenslangweilige Fernsehsendungen an, bei denen sie aber immer wieder eindöst. Aus diesem Grund kommt die Schnarchnase zu ihren sehr seltenen Verabredungen meistens viel zu spät.

Lieblingsspruch: „Warte mal."

Merke: Damit Schnarchnasen pünktlich erscheinen, am besten ihre Uhren eine Stunde vorstellen.

PISSNELKE

[pisˈnɛlkə] Eine besonders hinterhältige Art der Nelkengewächse

Die Pissnelke wird der Familie der Pipipflanzen zugeordnet. Sie zeichnet sich durch ihre gemeine und gehässige Art aus. Häufig sind Pissnelken weiblichen Geschlechts, sehr oft sind es größere Schwestern. Zu ihren liebsten Beschäftigungen zählt es, kleine Brüder zu ärgern. Die Pissnelke erkennt man an ihrem breiten, schadenfrohen Grinsen, oftmals verbunden mit einem gemeinen Kichern.

Lieblingsspruch: „Wenn du das petzt, kriegst du was auf die Ohren."

Vorsicht: Ähnlich unangenehm wie die Schreckschraube, aber noch viel gemeiner!

BELEIDIGTE LEBERWURST

[bə ˈlaɪdɪgtə ˈleːbərvurst] *Ein sehr sensibles Würstchen*

Die Beleidigte Leberwurst verträgt absolut keine Kritik. Bei jedem noch so kleinen Anlass wird sie gleich sauer und schmollt. Außerdem braucht sie extrem viel Aufmerksamkeit und möchte permanent gelobt und umschmeichelt werden. An ihren ständig nach unten hängenden Mundwinkeln ist die Beleidigte Leberwurst sofort zu erkennen. Ihr Hobby ist es, anderen ihre Fehler aufs Brot zu schmieren.

Lieblingsspruch: „Das ist jetzt aber echt gemein.“

Tipp: Im Umgang mit Beleidigten Leberwürsten empfehlen sich Samthandschuhe.

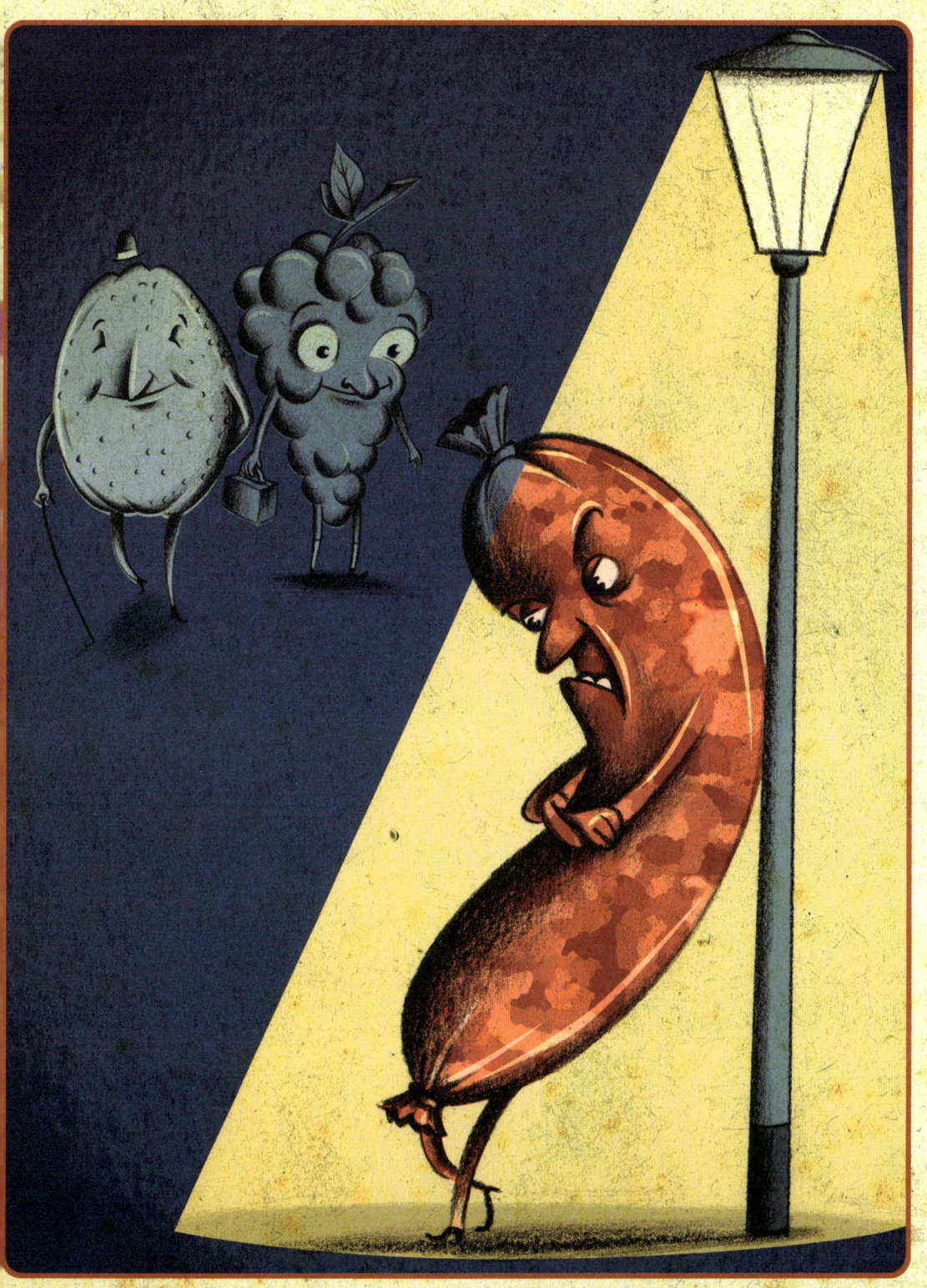

SCHERZKEKS

[ʃɛrtskeːks] Ein begrenzt lustiges Gebäck

Der Scherzkeks kann am besten über seine eigenen Witze lachen. Alle um ihn herum finden das, was er von sich gibt, nämlich nicht so lustig. Deshalb sieht man in seiner Umgebung immer viele verdrehte Augen. Er macht gerne Scherze auf Kosten anderer, versteht allerdings kaum Spaß. Sein auffälligstes Merkmal: Er redet viel zu viel Unsinn. Der Scherzkeks interessiert sich vor allem für Scherzartikel, Scherzfragen und Comedy-Sendungen.

Lieblingsspruch: „Treffen sich zwei. Einer kommt nicht.“

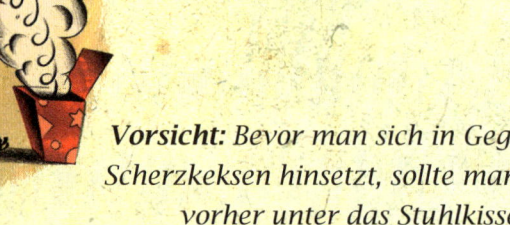

Vorsicht: Bevor man sich in Gegenwart von Scherzkeksen hinsetzt, sollte man unbedingt vorher unter das Stuhlkissen schauen.

SCHRECKSCHRAUBE

[ˈʃrekˈʃraubə] *Ein Furcht einflößendes Baumarkt-Produkt*

Die Schreckschraube ist meist weiblichen Geschlechts und gehört zur Gattung der „Dummen Schnepfen". Auffallend ist ihre schrille, unangenehme Stimme, die sie sirenenartig aufdrehen kann, wenn etwas sie in Wut versetzt. Zudem zeichnet sie sich durch wenig damenhaftes Benehmen aus. Die Schreckschraube ist verwandt mit der Nervensäge und pflegt engen Kontakt zu Giftzwerg, Pissnelke und Kotzbrocken.

Lieblingsspruch: „Ich hab's ja gleich gesagt."

Vorsicht: *Zur eigenen Sicherheit beim kleinsten Anzeichen von Aufregung sofort die Flucht ergreifen!*

EIERKOPF

[ˈaɪərˈkɔpf] *Ein runder, bunter Dickschädel*

Der Eierkopf hat je nach Außentemperatur entweder eine harte oder weiche Birne. In seinem Inneren steckt meist mehr Quatsch als Grips. Trotzdem – oder gerade deswegen – übt der Eierkopf eine magnetische Anziehungskraft auf dumme Hühner aus. Die äußere Erscheinung des Eierkopfes ist weiß oder braun, an besonderen Festtagen tritt er auch gerne bunt bemalt auf. Er liebt Salz, Schnittlauch und Tomaten über alles.

Lieblingsspruch: „Ich bin in drei Minuten fertig!"

Vorsicht: Eierköpfe sind äußerst zerbrechlich!

ROTZLÖFFEL

[rɔtsˈlœfəl] Ein ziemlich triefendes Besteck

Der Rotzlöffel ist meist männlichen Geschlechts und fällt durch sein freches, vorlautes Benehmen auf. Äußerlich ist er an seiner permanent laufenden Nase erkennbar, die er sich an seinem schmutzigen Pulliärmel abwischt. Der Rotzlöffel heckt die ekelhaftesten Streiche aus und ist dafür immer auf der Suche nach passenden Hilfsmitteln, z. B. Spinnen und Käfern. Aus diesem Grund ist er bei Mädchen äußerst unbeliebt, auch wenn sie ihn im Stillen eigentlich anhimmeln.

Lieblingsspruch: „Die hat vielleicht gekreischt!"

Tipp: Bei Treffen mit Rotzlöffeln immer Insektenspray bereithalten.

26

TRAUMTÄNZER

[traʊmˈtɛntsər] Ein talentfreier Himmelsstürmer

Der Traumtänzer hat wahnsinnig viele und vor allen Dingen wahnsinnig gute Ideen. Es ist nur schade, dass diese Hirngespinste entgegen seiner eigenen Meinung äußerst selten zu gebrauchen sind. Der Traumtänzer schwebt hoch über den Wolken und tänzelt dort herum, bevor er sich in seinem Zuhause, dem Luftschloss, ausruht. Sein natürlicher Feind ist der Klugscheißer, der ihn immer wieder auf den Boden der Tatsachen zurückholt.

Lieblingsspruch: „Ich glaube, bei meinem Talent werde ich Fußballprofi."

Merke: Damit der Traumtänzer nicht abhebt, hilft es, ihn immer schwere Koffer tragen zu lassen.

LACKAFFE

[lakˈafə] *Ein geschniegelter Baumbewohner*

Den Lackaffen sieht man nie ohne reichlich Gel in der perfekt gestylten Frisur. Das hält ihn aber nicht davon ab, sich ständig durch die Haare zu fahren und an ihnen herumzuzupfen, auch wenn das Schleimspuren an seinen Händen hinterlässt. Der Lackaffe ist im Allgemeinen unsympathisch, überheblich und hält sich für etwas Besseres. Er sieht ja schließlich auch besser aus als die anderen. Mit Fußvolk gibt er sich nicht ab. Seine Hobbys sind Haare kämmen, in den Spiegel schauen und Kosmetikprodukte kaufen.

Lieblingsspruch: „Nicht anfassen!"

Merke: Lackaffen ärgern sich am meisten, wenn man ihre Markenturnschuhe versteckt.

TRAMPELTIER

[ˈtrampəltiːr] *Ein extrem lauter Zoobewohner*

Das Trampeltier ist tollpatschig, plump und schwerfällig. Ständig tritt es sämtlichen Leuten in seiner näheren Umgebung auf die Füße und zerstört versehentlich ihre kostbarsten Besitztümer. Wo das Trampeltier wütet, hinterlässt es schmerzverzerrte Gesichter. Allerdings kann man ihm nicht wirklich böse sein, weil es sofort Pflaster verteilt und sich hundertmal entschuldigt. Sein Künstlername ist: Elefant im Porzellanladen.

Lieblingsspruch: „Oh nein, war ich das etwa?"

Tipp: *Wertvolle Vasen am besten mit Sekundenkleber befestigen!*

GIFTZWERG

[gifttsvɛrk] Ein kleiner, aufgeblasener Mützen-Träger

Der Giftzwerg zeichnet sich durch seine gehässige, boshafte und gemeine Art aus. Er ist sozusagen das männliche Gegenstück zur Pissnelke. Seine äußere Erscheinung ist oftmals klein und gedrungen. Ganz besonders häufig ist der Giftzwerg unter Lehrern anzutreffen. Der Lehrer-Giftzwerg quält mit Vorliebe seine Schüler und bewirft sie mit Kreide. In Extremsituationen springt er wutschnaubend auf und ab und beleidigt seine Mitmenschen.

Lieblingsspruch: „Wenn ihr jetzt nicht gleich still seid, dann platze ich."

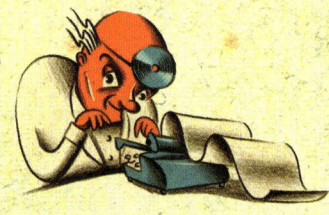

__Merke:__ Der wunde Punkt des Giftzwergs ist seine geringe Körpergröße. Nur Lebensmüde sollten ihn darauf ansprechen.

FAULPELZ

[faʊlpɛlts] Ein bewegungsloses, haariges Etwas

Der Faulpelz sieht gerne anderen bei der Arbeit zu, während er selbst den ganzen Tag auf der Couch herumliegt. Am besten ist er darin, anderen seine Aufgaben zuzuschieben, damit er selbst nichts machen muss. In der Schule (wenn er denn mal hingeht) schreibt er in der Regel alles bei seinen Nachbarn ab, sogar den Namen. Erkennbar ist der Faulpelz an seinem platt gesessenen Hintern und den Chipskrümeln, die an seiner Jogginghose hängen. Zu seinen bevorzugten Tätigkeiten gehören Rumlümmeln, im Versandhaus bestellen und den Pizzaservice anrufen. Er ist eng verwandt mit der Schnarchnase.

Lieblingsspruch: „Das ist mir jetzt echt zu anstrengend.“

Vorsicht: Wenn Faulpelze sauer sind, werfen sie mit der Fernbedienung um sich. Aber nicht sehr weit.

KLUGSCHEISSER

[klu:k'ʃaɪsər] *Ein Ichweißallesbesser-Wisser*

Der Klugscheißer zeichnet sich besonders dadurch aus, dass er im Unterricht bei jeder Frage aufzeigt und dabei wild mit den Fingern schnipst. Die Antworten des Klugscheißers müssen nicht immer richtig sein. Hauptsache, er konnte seinen Senf loswerden. Aus diesem und vielen weiteren Gründen hat der Klugscheißer unzählige natürliche Feinde (alle Menschen in seinem Umfeld). In seiner Freizeit lernt er gerne das örtliche Telefonbuch auswendig und schmökert in Sachbüchern, wie z. B. dem Duden oder der Betriebsanleitung für die Garagenfernbedienung.

Lieblingsspruch: „Das hab ich aber gestern erst gelesen …"

Merke: Jeglichen Umgang mit Klugscheißern unbedingt vermeiden!

SPASSBREMSE

[ʃpaːsˈbrɛmzə] Ein todernster Spielverderber

Die Spaßbremse redet immer alles schlecht und sieht nur die negativen Seiten des Lebens. Außerdem findet sie grundsätzlich alles blöd, was andere gut finden. Die Spaßbremse ist auf fast jeder Party zu beobachten. Hier fühlt sie sich wohl, weil sie hier den meisten Schaden anrichten kann. Der natürliche Feind der Spaßbremse ist der Scherzkeks, die beiden können sich absolut nicht riechen. Überall, wo es gerade noch lustig war und plötzlich betretene Stille herrscht, kann man sich sicher sein: Hier hat gerade die Spaßbremse ihr Unwesen getrieben.

Lieblingsspruch: „Das ist doch alles scheiße hier. Lass uns gehen."

Merke: Kein Clown der Welt hat es je geschafft, eine Spaßbremse zum Lachen zu bringen.

FRESSSACK

[ˈfrɛsˈzak] Ein vollschlanker Kühlschrank-Schreck

Der Fresssack ist nicht satt zu kriegen. Er hat immer Hunger und kann auch nach dem dritten Stück Kuchen mit Sahne noch ein, zwei belegte Brote verdrücken. Darüber hinaus ist er extrem gierig und gönnt den anderen ihr Essen nicht – lieber isst er alles alleine. Was er verputzt, ist ihm eigentlich egal, Hauptsache, es ist viel. Er mag alles, außer Gemüse und Müsli. Der Fresssack ist leicht zu erkennen, denn er ist extrem fett. Seine Lieblingsbeschäftigungen sind: essen, nachts zum Kühlschrank schleichen, essen, Lebensmittel einkaufen, essen, Kochbücher lesen und, genau, essen. Sein größter Feind ist der Sterne-Koch, denn der kocht viiiiieeel zu kleine Portionen.

Lieblingsspruch: „Das isst du doch nicht mehr, oder?"

Tipp: Wenn sich ein Fresssack nähert, dann ist unbedingt darauf zu achten, alles Essen, das man selbst verzehren möchte, schleunigst außer Reichweite zu bringen.

STINKSTIEFEL

[ˈʃtiŋkˈʃtiːfəl] Eine äußerst unangenehm riechende Fußbekleidung

Der Stinkstiefel ist ein miesepetriger, extrem unangenehmer Zeitgenosse. Er meckert leidenschaftlich gerne und nölt andauernd herum. Zu seinen liebsten Hobbys gehört es, schlechte Laune zu verbreiten. Der Stinkstiefel ist nämlich erst dann richtig glücklich, wenn er alle Menschen in seiner Umgebung in tiefe Traurigkeit gestürzt hat. Er ist ungefähr so gut zu ertragen wie ein Paar Gummistiefel nach einem Tag in schönster Sommerhitze.

Lieblingsspruch: „War doch klar, dass du das nicht kannst."

Merke: Bei der Begegnung mit Stinkstiefeln unbedingt eine Wäscheklammer auf die Nase setzen.

BLINDFISCH

[blintfiʃ] Ein ziemlich kurzsichtiger Wasserbewohner

Der Blindfisch gehört zur Gattung der Brillenschlangen. Er ist ein liebenswerter Zeitgenosse, der aber gerne Hindernisse wie geöffnete Autotüren übersieht. Überhaupt ist er ziemlich schusselig, was vor allem auf seine Kurzsichtigkeit zurückzuführen ist. Seine natürlichen Feinde sind Glasscheiben, große Steine, Hundehaufen und Bananenschalen. Mit diesen Gegenständen verbindet ihn eine dramatische Hassliebe. Gut zu erkennen ist der Blindfisch an seinen zahlreichen blauen Flecken und Schürfwunden.

Lieblingsspruch: „Hast du meine Schlüssel gesehen?"

Tipp: Balkontüren am besten nie putzen, damit Blindfische nicht dagegen laufen!

KNALLFROSCH

[ˈknalfrɔʃ] *Eine explosive Kröte*

Der Knallfrosch wirkt auf andere Menschen immer ein wenig verwirrt und nervös. Ständig versucht er, im Mittelpunkt zu stehen und mit völlig verrückten Aktionen Aufmerksamkeit zu erregen. Etwa indem er pausenlos auf und ab hüpft und dabei „Ich bin ein Flummi" schreit. Leider bemerkt der Knallfrosch nicht, dass die Leute hinter seinem Rücken genervt die Augen verdrehen … Der Knallfrosch liebt Menschenmengen, Krach und ganz besonders seinen besten Freund, den Scherzkeks.

Lieblingsspruch: „Ich war gestern wieder Fallschirmspringen."

Vorsicht: Bei der Begegnung mit Knallfröschen immer Ohrenschützer tragen, sonst droht Hörsturz!

RIESENBABY

[ˈriːzənˈbeːbi] *Ein etwas zu groß geratener Säugling*

Das Riesenbaby sieht im Grunde aus wie du und ich. In seinem Verhalten ist es aber auf dem Entwicklungsstand eines Zweijährigen stehen geblieben. Ständig stellt es nervige Fragen, bei allem braucht es Hilfe und vor allem die Bestätigung von Mami und Papi. Seine größte Freude ist es, gefüttert und bemuttert zu werden. Seinen Eltern geht dieses Verhalten ganz schön auf die Nerven. Bei fehlender Therapie entwickeln sich aus Riesenbabys sogenannte Nesthocker, die mit 40 immer noch bei Mama wohnen.

Lieblingsspruch: „Kannst du das nicht für mich machen?"

Tipp: Um Riesenbabys loszuwerden, einfach den Kühlschrank nicht mehr auffüllen.

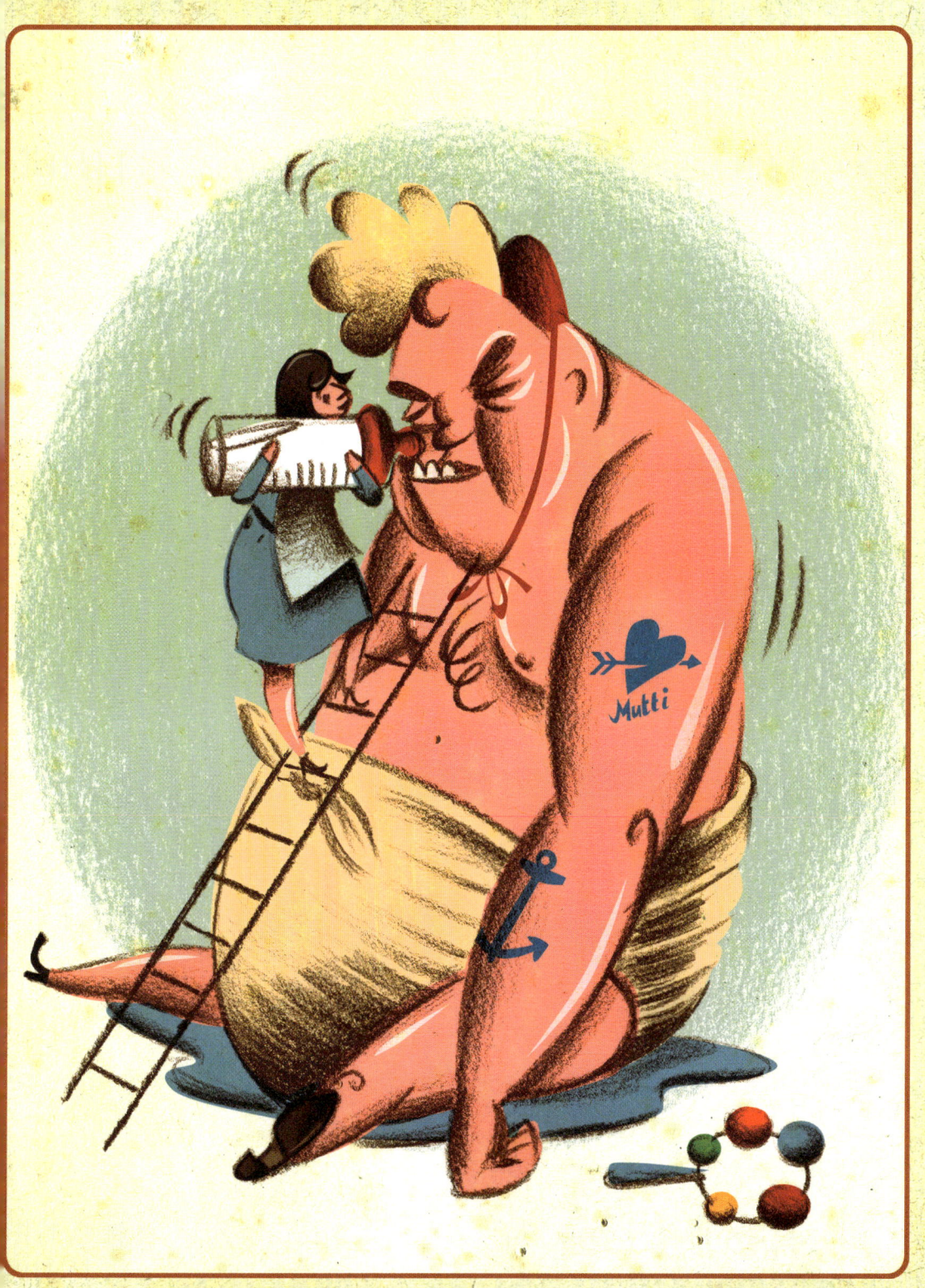

DRECKSPATZ

[drɛkʃpats] Ein schmuddeliges Federtier

Der Dreckspatz ist ein lustiger Geselle, der ausgesprochen gerne kopfüber in den Matsch springt. Sein Zuhause ist ein einziger Schrotthaufen, nur hier fühlt er sich wohl. Das Badezimmer betritt der Dreckspatz nur selten, da er den Kontakt mit Wasser nach Möglichkeit vermeidet, ganz zu schweigen von Zahnpasta, Seife oder Shampoo. Für Gummistiefel, Latzhosen und Fleckenzwerge hat der Dreckspatz eine ausgeprägte Vorliebe.

Lieblingsspruch: „Iiih, geh weg mit der Seife."

Tipp: *Zum Geburtstag freut sich der Dreckspatz über ein Moorbad oder eine Schlammpackung.*

OBERSTREBERIN

[ˈoːbər ˈʃtreːbərin] *Ein besonders schlauer Bücherwurm*

Von der Oberstreberin sieht man normalerweise immer nur die obere Gesichtshälfte, da sie ihre Nase den ganzen Tag in Bücher steckt. Sie hat nie Zeit für ihre wenigen Freunde, weil sie lieber lernt. Die Oberstreberin ist der Liebling aller Lehrer, denn sie macht alles, was sie sagen, und trägt ihnen auch noch ihre Sachen hinterher. Um mit ihrem Wissen angeben zu können, lernt sie häufig schon das nächste Kapitel im Schulbuch auswendig. Sie verschlingt mit Genuss staubige Bücher und niest aus diesem Grund sehr oft. Der rechte Arm der Oberstreberin ist meistens etwas länger als der linke, weil ihre Schultasche so schwer ist.

Lieblingsspruch: „Nehmen Sie mich dran!"

Vorsicht: Oberstreberinnen gehen über Leichen, um an gute Noten zu kommen!

ARSCHGESICHT

[arʃgə'ziçt] *Ein wirklich unansehnliches Geschöpf*

Das Arschgesicht hat eine auffallend runde Gesichtsform. In der Fachsprache spricht man auch von einer „popoförmigen Visage". Wie der Name vermuten lässt, ist das Arschgesicht nicht gerade mit Schönheit gesegnet. Dies erklärt auch seine Vorliebe für braune Papiertüten, die es sich gerne mal über den Kopf zieht. Interessanterweise benutzt das Arschgesicht Klopapier als Taschentuch. Überhaupt sind verdauungsbezogene Themen sein Spezialgebiet. Damit ist es sogar schon sehr erfolgreich in diversen Quizshows aufgetreten.

Lieblingsspruch: „Das geht mir echt am Arsch vorbei."

Tipp: Wenn Arschgesichter mal Schnupfen haben, bitte vor dem Toilettenbesuch erst nachsehen, ob noch genügend Papier übrig ist.

JAMMERLAPPEN

[ˈjamərˈlapən] *Ein wehleidiges Putzgerät*

Der Jammerlappen beklagt sich den lieben langen Tag. Er hat an nichts Spaß und sieht immer nur das Schlechte. Am liebsten hängt er an Mamis Rockzipfel und beschwert sich: über Max aus seiner Klasse, der immer alles bei ihm abschreibt, über die gemeine Sportlehrerin, die immer nur ihn anmeckert, über das Pausenbrot, das wieder mit Käse statt Wurst belegt war ... Der Jammerlappen ist äußerst empfindlich und lässt keinerlei Kritik zu. Gut gelaunte Menschen zählen zu den natürlichen Feinden des Jammerlappens. Mit beleidigten Leberwürsten versteht er sich dagegen oft glänzend.

Lieblingsspruch: „Warum passiert so was immer nur mir?"

Achtung: Bei zu vielen glücklichen Menschen in seiner Umgebung droht beim Jammerlappen ein allergischer Schock.

POPELSAMMLER

[popəl'zamlər] Ein klebrig-grüner Schatzsucher

Der Popelsammler bohrt für sein Leben gern und ausgiebig in der Nase. Er lässt sich bei seiner Lieblingsbeschäftigung von niemandem aus der Ruhe bringen. Auffällig sind seine ausgeleierten Nasenlöcher und die schmierigen Hände. Zu seinen erfolgreichsten Zeiten gehören die Heuschnupfensaison und Grippewellen, denn dann ist seine Ausbeute am größten. Angenehmer Nebeneffekt seiner Schatzsuche ist eine stets prall gefüllte Geldbörse, schließlich spart er sich den Kauf von Taschentüchern.

Lieblingsspruch: „Guck mal!"

Vorsicht: *In unmittelbarer Nähe des Popelsammlers besteht Rutschgefahr!*

VOLLTROTTEL

[fɔlˈtrɔtəl] Ein Magnet für Fettnäpfchen

Der Volltrottel ist ziemlich dumm und gleichzeitig auch total schusselig. Er sagt immer das Falsche zur falschen Zeit. Außerdem ist er auch ein wenig langsam – viele Dinge versteht er einfach nicht oder er braucht Stunden, bis bei ihm der Groschen fällt. Sein Hang zu Katastrophen aller Art ist legendär, er zieht sie geradezu magnetisch an und bringt nicht nur sich, sondern auch andere ständig in peinliche und gefährliche Situationen.

Lieblingsspruch: „Hä!?"

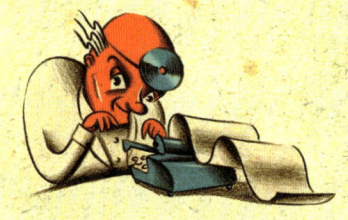

Merke: Wo eine Bananenschale liegt, ist ein Volltrottel nicht weit!

NERVENSÄGE

[nɛrfənˈzɛːgə] *Ein überaus anstrengendes Werkzeug*

Die Nervensäge kommt ständig mit Fragen und gut gemeinten Ratschlägen an. Dabei übertreibt sie es dermaßen, dass sie ihrem Gegenüber nur noch auf den Geist geht. Sie ist extrem lästig, nur schwer wieder loszuwerden und vergrault deshalb alle mit ihrer Art. Da die Nervensäge sehr mitteilungsbedürftig ist, ist sie entfernt verwandt mit der Quasselstrippe. Sie nervt allerdings nicht nur damit, wie viel sie redet, sondern vor allem damit, was sie redet. Ihre Spezialität ist es zu stören. Und zwar jeden und in allen Lebenslagen.

Lieblingsspruch: „Du schläfst doch nicht etwa schon?"

Tipp: Bei Angriff einer Nervensäge einfach mal auf Durchzug schalten.

KOTZBROCKEN

['kɔts'brɔkən] Der König unter den Arschlöchern

Der Kotzbrocken ist gemein, überheblich und behandelt seine Mitmenschen wie den letzten Dreck. Er ist meist stärker als andere und nutzt dies schamlos aus. Zu seinen bevorzugten Freizeitbeschäftigungen zählt es, Leute anzupflaumen, zu beschimpfen und zu quälen. Der Kotzbrocken ist verwandt mit dem Stinkstiefel, allerdings ist er viel brutaler als dieser.

Lieblingsspruch: „Ich mach dich platt!"

Tipp: Bei Begegnungen mit Kotzbrocken Papiertüten bereithalten.

ELEFANTENFURZ

[ele|fantənfurts] *Ein stinkender Orkan*

Der Elefantenfurz raubt den Menschen in seiner Umgebung den Atem. Wenn er loslegt, dann zittert das ganze Haus wie bei einem Erdbeben. Aus diesem Grund leben er und seine Familie in ständiger Angst vor einem Einsturz. In der Öffentlichkeit erkennt man den Elefantenfurz daran, dass sich niemand in seiner Nähe aufhält. Hinter ihm will keiner gehen, denn dort herrscht akute Erstickungsgefahr. Wenn man den Mut hat, sich in seine Nähe zu begeben, kann man ihn mit einer großen Dose Raumspray bekämpfen, alles andere ist sinnlos.

Lieblingsspruch: „Was riecht denn hier so komisch?
Warst du das?"

Tipp: *Einem Elefantenfurz niemals Bohnen servieren!*

Kennst du einen Doofkopf? Oder einen Hosenscheißer? Hier kannst du deine Freunde (oder Feinde) überraschen und ihnen eine Postkarte mit deinem Lieblingsschimpfwort schicken. Einfach die beiden Postkarten ausschneiden und nach Herzenslust bemalen und beschimpfen!
Wenn dir das zu gefährlich ist, dann schicke deine kreativen Ideen an uns! Vielleicht landet dein Vorschlag in der nächsten „Schimpfologie"!

Hier unsere Adresse:
mixtvision Verlag
Postfach 44 05 65
80754 München

Idee aus „Schimpfologie", www.mixtvision-verlag.de

Idee aus „Schimpfologie", www.mixtvision-verlag.de

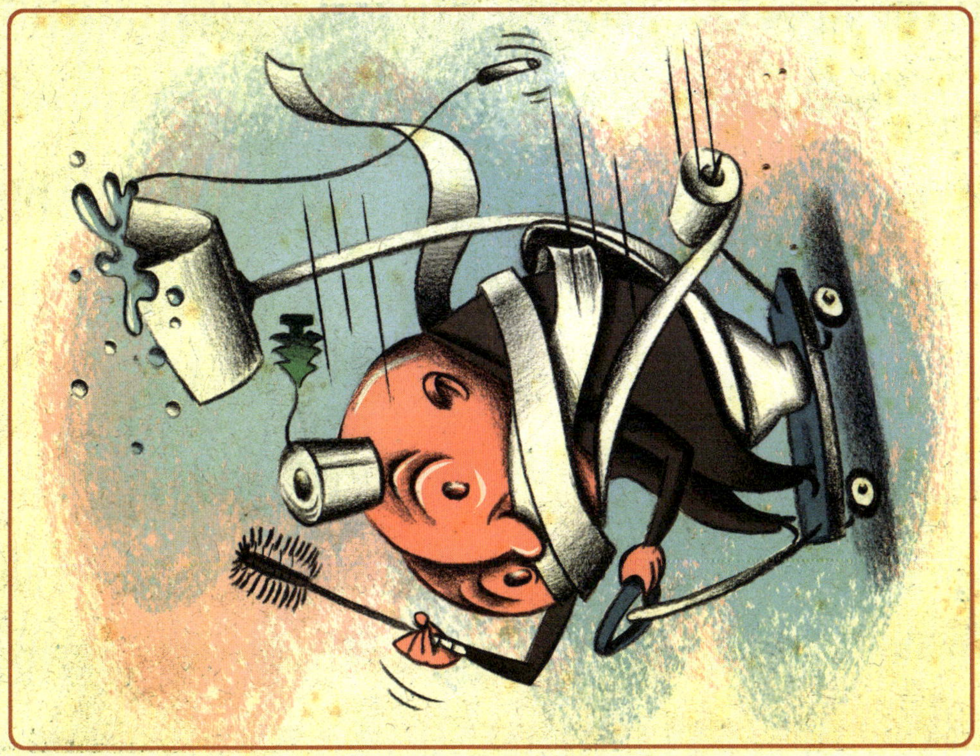

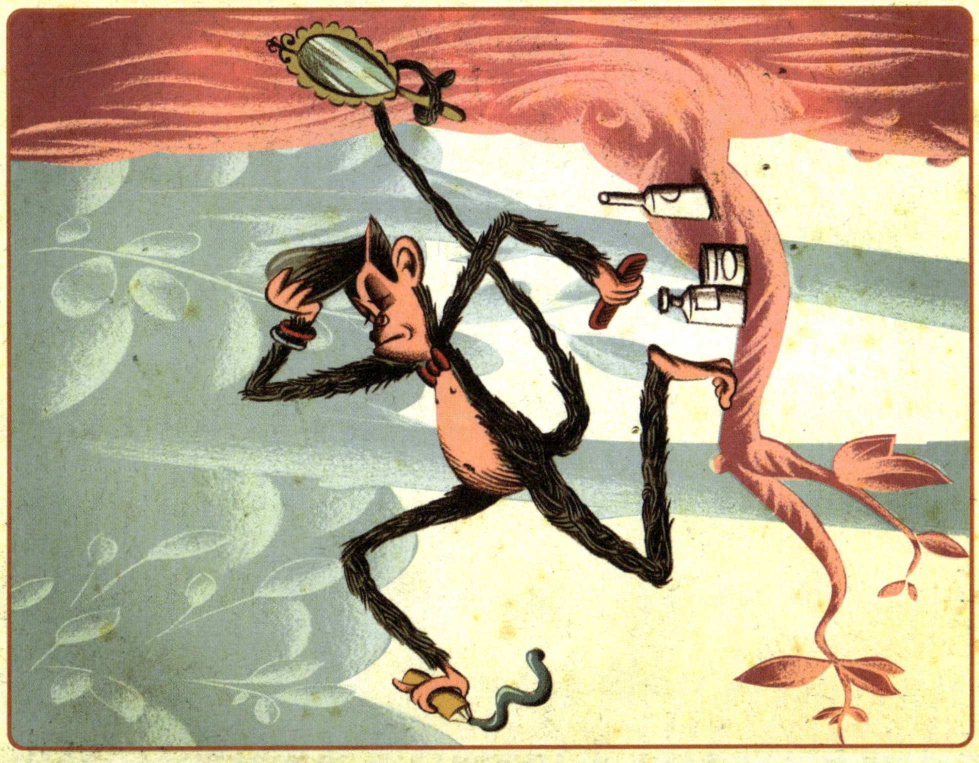

Zitat aus „Schimpfologie" von Christoph Mett und Prof. Dr. Wüterich, mixtvision Verlag

Zitat aus „Schimpfologie" von Christoph Mett und Prof. Dr. Wüterich, mixtvision Verlag

Meine eigene
Schimpfologie:

_____

_____

_____

_____

_____

_____

_____

_____

_____

Christoph Mett, geboren 1978 in Mecklenburg-Vorpommern, studierte an der Fachhochschule Münster Illustration, Druckgrafik, Malerei und Film. Er hat bereits mehrere Bücher für Kinder und Erwachsene illustriert und arbeitet im Bereich Trickfilm. Derzeit lebt er in Münster und ist dort für diverse Magazine, Verlage und internationale Auftraggeber tätig.

Prof. Dr. Wüterich, geboren 1950 in Gammelshausen, studierte an der Hochschule für angewandte Wortkunst und machte dort sein Diplom in Schimpfologie. Er gilt als einer der führenden Experten auf dem Gebiet der Kraftausdrücke und promovierte mit einer Forschungsarbeit über das Wesen und Unwesen der Eierlegenden Wollmilchsau. Er lebt allein in einer großzügigen Villa, von wo aus er auch seine TV-Serie „Die große Schimpf-Show" produziert.